Peter Hofmann
Katharina Zimmermann Zingg

Lese- und Übungsheft für Exerzitienwochen

Peter Hofmann
Katharina Zimmermann Zingg

Lese- und Übungsheft für Exerzitienwochen

Fromm Verlag

Imprint
Any brand names and product names mentioned in this book are subject to trademark, brand or patent protection and are trademarks or registered trademarks of their respective holders. The use of brand names, product names, common names, trade names, product descriptions etc. even without a particular marking in this work is in no way to be construed to mean that such names may be regarded as unrestricted in respect of trademark and brand protection legislation and could thus be used by anyone.

Cover image: www.ingimage.com

Publisher:
Fromm Verlag
is a trademark of
International Book Market Service Ltd., member of OmniScriptum Publishing Group
17 Meldrum Street, Beau Bassin 71504, Mauritius

Printed at: see last page
ISBN: 978-620-2-44284-8

Inhaltsverzeichnis

Methodisches Material

Alternatives Übungsmaterial

Vorbemerkung:

Das vorliegende Skript ist eine Zusammenstellung verschiedener Hilfs-blätter, die wir in Exerzitienwochen, welche in gesammelter Stille verlaufen, an Berufskol-legen/-innen im pfarramtlichen Dienst seit einigen Jahren als Einführung in bibel- und lebensorientierte Meditation auf ignatianischer Grundlage abgeben. Es hat sich dabei bewährt, die in der Gruppe angeleiteten Übungseinheiten und -ansagen mit Hilfe der vorlie-genden Dokumentation individuell und je nach Fragestellung zu vertiefen und bei Bedarf in den Begleitgesprächen darauf zurück zu kommen.

Wir wünschen viel Freude und segensreiche Entdeckungen

Peter Hofmann / Katharina Zimmermann Zingg

Atem und Gebet

Ein berühmter östlicher Meister sagte häufig zu seinen Schülern: **Dein Atem ist dein bester Freund. Kehre zu ihm zurück in allen deinen Schwierigkeiten, und du wirst Trost und Führung finden.**

Vielen hilft die Beobachtung des Atemgeschehens. Zu Beginn können sich Schwierigkeiten ergeben – ich komme aus dem Rhythmus oder mische mich ein. Dann den Atem vorerst gar nicht zu beachten. Der Atem kommt soll von selbst kommen und gehen, wie er will. Ist er kurz, so ist er kurz; ist er lang, so ist er lang.

Im Lauf des Übens über Monate wird der Atem länger. Meist wird das Ausatmen wesentlich länger als das Einatmen, und es entsteht eine Pause nach dem Ausatmen. Aber keinesfalls den Atem „machen" und schon gar nicht nach einem „Schema" atmen wollen! Der Atemrhythmus ist lebendig und jeder Lebenssituation angepasst und daher unregelmässig. Wir beobachten nur, wie der Atem kommt und geht und was sich dabei im Körper bewegt. Also behutsames Zu-schauen: «Es atmet in mir!»

Ich nehme eine Haltung ein, die mir hilft, ganz da zu sein und überschaue mich, wie ich da bin in meinem Leib. Behutsam achte ich auf die Bewegungen, die durch das Atmen geschehen.

Ich nehme den Atem wahr, wie er kommt und geht…

Im Einatmen und Ausatmen…
im Kommen-Lassen und Loslassen…
und warte, bis er von selbst wiederkommt.

So bin ich ganz gelassen aufrecht, aufrichtig da. Aufmerksam nehme ich meine Gedan-ken wahr, die von selbst kommen. Ich gehe ihnen nicht nach. Ich lasse sie los ohne zu werten. Meine Gedanken kommen immer mehr zur Ruhe. Ich überlasse mich ganz der Stille.

<u>Begleitende Worte</u>: An den Atem können begleitende Worte gebunden werden. Worte, die ich ehrlich nachvollziehen kann und in mir wirken lassen möchte. Wichtig ist, dass sich die Worte nach dem Atem richten, bzw. auf diesen warten und nicht umgekehrt. Der Atem soll fliessen im Kommen und Gehen wie er will. Wer mit dem Atem Schwierigkeiten bekommen sollte beim Wiederholen der Worte nach dem Atemrhythmus, wiederhole die Worte im Innern, ohne auf den Atem zu achten. Im Laufe der Zeit stellen sich Atem und Worte automatisch aufeinander ein. Solange das nicht der Fall ist, macht es nichts. Steigen andere Worte oder Gedanken auf, so kehre ich behutsam ohne Ärger zu den Atemworten zurück. Habe ich mein Atemwort gefunden, darf ich über längere Zeit dabei bleiben.

Einatmen: ich werde getragen

Einatmen: Du zu mir **oder** Du in mir

Ausatmen: ich lasse mich tragen

Ausatmen: ich zu Dir **oder** ich in Dir

<u>Beim Jesus-Gebet (Herzensgebet) der Ostkirche</u>

Einatmen: Jesus (Christus)

Einatmen: Herr Jesus Christus

Ausatmen: erbarme Dich

Ausatmen: Du Sohn Gottes, erbarme Dich **Pause:** meiner / unser

Pause: meiner / unser

Andreas Ebert/Carol Lupu (Hg.): Hesychia. Das Geheimnis des Herzensgebetes. Claudius 2012; Peter Dyckhoff: Das Ruhegebet. Einübung nach Cassian. Kösel 1995; Würzburger Schule (Hg.): Sonderheft «Kontemplation - Was ist das?», Kontemplation und Mystik Nr. 1/2003.

Bildbetrachtung I: Einführung und Anleitung

Bilder wollen ansprechen, betreffen, herausfordern zu einer Antwort. Es geht nicht um eine objektive Deutung des Bildes, sondern um ein tieferes Erspüren der eigenen Wirklichkeit in der Begegnung mit dem Bild.

- Ich gehe an den Ort, wo ich ungestört da sein kann.
  Ich mache mir bewusst, dass jetzt meine Zeit des Gebetes ist.

- Ich nehme mir Zeit, um mich zu sammeln, still zu werden und mich zu öffnen für das, was mir jetzt geschenkt wird.

- Ich bitte Gott um das, was ich mir für diese Zeit des betenden Verweilens ersehne.

- Ich wende mich dem Bild zu und lasse es in seiner Gesamt-heit auf mich wirken. Was kommt mir entgegen?
  Die äussere Wahrnehmung kann zu einer inneren Ergriffen-heit führen ...

  Was empfinde ich beim Anschauen?
  Was spricht mich an? Was stösst mich ab?
  Woran erinnert mich das Bild?
  Wo finde ich mich vielleicht selbst in dem Bild wieder?
  Wie kann ich dieses Bild mit meinem Leben verbinden?

- So verweile ich bei dem Bild und nehme es in mich auf.

- Abschließend schaue ich zurück auf das, was ich in dieser Zeit erfahren habe und bringe Lob, Dank oder Bitte vor den,
  der mir in dieser Zeit nahe sein wollte.

Bildbetrachtung II: Kurzanleitung

still werden, den Atem spüren
mich in Gottes Gegenwart stellen

bitten, was ich ersehne

das Bild in seiner Gesamtheit auf mich wirken lassen
die äussere Wahrnehmung kann zur inneren Ergriffenheit führen

Empfindungen, Einnerungen, Verbindungen mit meinem Leben sehen
verweilen, wo ich angesprochen bin
verspüren, verkosten, da bleiben

mit Gott ins Gespräch kommen

Unservater beten

Rückschau halten

Die Entdeckung der Langsamkeit

Das Tun sei Nicht-Tun/ Das Geschäft sei Nicht-Geschäft/ Der Genuss sei Nicht-Genuss/ Das Grosse sei Kleines/ Das Viele sei Weniges./ Nicht-Tun, und doch bleibt nichts ungetan.

Hubertus Halbfas

Man könnte sagen: Exerzitien machen heisst die **Langsamkeit entdecken**. Das ist zwar vereinfachend gesagt, trifft aber doch Wesentliches. Zum Exerzitienweg gehört die **Entschleunigung** und das Bemühen, **wacher, achtsamer** und **bewusster** zu leben. Wir genehmigen uns im Arbeitstag/Alltag fortan Pausen, um durchzuatmen und zu uns selber zu kommen. Die ursprünglichen Lebensrhythmen von Licht und Dunkel, Tag und Nacht, Wachen und Schlafen, Arbeiten und Ruhen, Fruchtzeit und Brache werden für uns wieder massgeblich. Wir **konsumieren weniger** - Essen, Zigaretten, Spass, Informationen, Bildung, Unterhal-tung… - und prüfen fortan gut, was, warum, wie und wann wir es „konsumieren“! Wir beherzigen den ignatianischen Satz **Nicht das Vielwissen sättigt und befriedigt die Seele, sondern das Verspüren und Verkosten der Dinge von innen her** (EB 2). Wir hören bedächtiger zu im Bemühen, mehr und aufmerksamer zu hören als selber zu sprechen.

Die Langsamkeit entdecken heisst auch, etwas mit ganzer Person, mit Kopf, Herz und Hand zu tun und darin ganz aufzugehen. **I am what I do** (C.S.Lewis) / **Ich bin, was ich tue** ist das Ziel- als Übereinstimmung von Sein und Handeln. In sich ruhen und zugleich mit aller Kraft wirken und schaffen in der Welt und Gegenwart. Dieses ignatianische **Contemplativus in actione** kommt zum Ausdruck in der Weisheitsgeschichte «Übung in der Wahrheit»:

Ein grosser Lehrer wurde einmal gefragt: „Machst du ununterbrochen Anstrengungen, dich in der Wahrheit zu üben?" „Ja, das tue ich." „Wie übst du dich selber?" „Wenn ich hungrig bin, esse ich, wenn ich müde bin, schlafe ich." „Das tut doch jeder! Kann man da von Jedem sagen, dass er sich übt wie du?" „Nein." „Warum nicht?" „Weil die anderen, wenn sie essen, nicht essen, sondern über die verschiedensten anderen Dinge Nachdenken und sich dadurch stören lassen; wenn sie schlafen, so schlafen sie nicht, sondern sie träumen von tausend und einem Ding. Darum sind sie nicht so wie ich." H. Halbfas
(Der Sprung in den Brunnen, S. 27f)

Was könnte die Entdeckung der Langsamkeit während dieser Exerzitienzeit bedeuten?
Vielleicht dies:

- Langsamer aufstehen, ein paar Minuten nach dem Erwachen noch liegen bleiben. Ein paar Traumfetzen wahrnehmen. Spüren, wie ich gestimmt bin. Ein wenig auf den Tag vorausschauen, was so auf mich zukommt und was ich dabei empfinde – und mit einem Dank und Gebetswunsch abschliessen.
- Achtsam die Mahlzeiten geniessen. Im Bewusstsein von Saat und Ernte und liebevoller Zubreitung – alles Gabe Gottes. Der Mensch lebt nicht vom Brot allein.
- Diese Woche das ganze Lebenstempo drosseln zum „Spaziergängertempo".
- Zeit für Nah-sehen haben statt für Fern-sehen; mir Zeit nehmen für die geistlichen Übungen und Schriftlektüre und Kirchengesangbuchlieder.
- Vor dem Einschlafen noch einmal auf den „Spaziergängerweg" des Tages zurückschauen und betend mich selber, die WeggefährtInnen und Begegnungen, die guten und die schwierigen Situationen des Tages vor Gott bringen. Mit einem Dank und Gebetswunsch abschliessen.

Selbst wenn du dich diese Woche auf nichts anderes einliessest als darauf, langsamer zu leben, dann würde das deine geistliche Lebensqualität erhöhen und du hättest Gewinn.

Hubertus Halbfas, Der Sprung in den Brunnen. Eine Gebetsschule. Patmos, 6.A.1985; Willi Lambert SJ, Komm und geh, Johannesverlag 1988; Willi Lambert SJ, Aus Liebe zur Wirklichkeit. Grundworte ignatianischer Spiritualität, Tops plus, S. 194ff; C.S Lewis, Surprised by Joy. 1955 in: D. Sölle, Mystik und Widerstand, Hoffmann und Campe, S.42ff.

Fruchtbarkeit und Leistung

Eine Geschichte aus China erzählt: Ein Mann hatte seinen kleinen Acker gut vorbereitet, gepflügt und gesät. Er wunderte sich nur nach ein paar Wochen, dass die Saat so langsam aufging. Bei seinem Nachbarn sah er schon kräftigen grünen Wuchs! Von Tag zu Tag wurde seine Geduld geringer. Er konnte vor Sorge nicht mehr schlafen. Schliesslich hatte er eine wahnwitzige Idee. Er lief zu seinem Feld und begann, die kleinen und zarten Halme etwas in die Höhe zu ziehen. Das war natürlich eine mühsame Arbeit; aber schliesslich war er fertig. Er traf unterwegs seinen Nachbarn und erzählte ihm, dass er seinem Korn beim Wachsen geholfen habe. Neugierig geworden, liefen sie zu seinem Feld und sahen alles zerstört und verwelkt….

Fruchtbarkeit spielt in der Bibel eine grosse Rolle. Jesus beschreibt das Reich Gottes immer wieder in Bildern der Fruchtbarkeit. Das Wort „Leistung“ hingegen scheint kaum vorzukommen. Wir sind in der Leistungsgesellschaft aufgewachsen und haben die Parole „Ich bin, was ich leiste“ in Fleisch und Blut aufgenommen. Alles müssen wir scheinbar verdienen, auch Anerkennung, Dankbarkeit, Herzlichkeit, Existenzrecht, ja sogar die Liebe. Die viel leisten, das sind die Guten.

Für viele Menschen unserer Zeit ist die Leistung fast der einzige Boden, auf dem sie stehen – wie eine Existenzberechtigung.

Die Bibel spricht eine andere Sprache: Bei Gott brauchen wir unser Existenzrecht nicht zu verdienen. Er schenkt es uns, umsonst. Wir sind seine geliebten Kinder; er hat uns ins Dasein geliebt. Er liebt uns nicht unserer Leistungen wegen, sondern mit einer bedingungslosen Liebe – unverdient und unverdienbar!

Leistung und Fruchtbarkeit erfordern Einsatz, Anstrengung, Sorgfalt und sind trotzdem grundverschieden – was sich in einer der kleinen Geschichte aus China zeigt.

Fruchtbarkeit ist das Ergebnis eines Wachstums- und Reifeprozesses und bleibt Geschenk und Gnade. Die Leistung nimmt auf Dauer ab, wenn man älter wird; die Fruchtbarkeit aber bleibt und kann sogar noch wachsen. Fruchtbarkeit geht zusammen mit dem kontemplativen Element in unserem Leben, während in der Leistung eher die eigene Ehre und Erfüllung und Bestätigung gesucht werden. Die Kontemplation „in actione" gehört zur Grundhaltung, das ganze Leben zur grösseren Ehre Gottes auszurichten: Omnia ad maiorem Dei gloriam. Vielleicht können wir sogar den Gegensatz zwischen Gesetz und Gnade, der bei Paulus eine so grosse Rolle spielt, in unserer Zeit und Sprache übersetzen mit den Worten „Leistung" und „Fruchtbarkeit": Gesetz ist, was der Mensch selber zustande bringt. Gesetz ist die Leistung im geistlichen Leben. Der fruchbare Mensch lebt demgegenüber aus der Gnade und weiss sehr wohl, dass das Eigentliche und Wesentliche ihm geschenkt wird. **Nicht die Aktivität rechtfertigt uns, sondern die Rechtfertigung aktiviert uns!**

Thomas Neulinger SJ: Grundkurs Ignatianische Spiritualität (www.jesuiten.intevo.net/weblearning)

Willi Lambert: Aus Liebe zur Wirklichkeit. Topos plus 2003, S.108-113 „Dienst". „Eifer"

Karin Johne: Geistlicher Übungsweg für den Alltag. Topos plus 1999, S. 142ff „Demut"

Gebet der liebenden Aufmerksamkeit (Tagesrückblick I)

Am Silvester nehmen wir uns Zeit, auf das vergangene Jahr zurück- und auf das kommende vorauszuschauen. Viele nehmen sich Zeit für ein kleines Abendgespräch über den Tag mit dem Partner, der Partnerin. Dabei geht es um

- das Leben und Erleben eines Tages
- waches und bewusstes Wahrnehmen
- die Frage, was gut war bzw. was es zu ändern gilt
- die Frage für uns Christinnen und Christen, wie mein Leben Gestalt gewinnt
  in der Verbindung mit Gott

Die geistliche Tradition spricht von dieser Rückschau und Vorschau als von der **Gewissensforschung** (Ignatius EB 43) und die ignatianische Spiritalität nennt sie das **Gebet der liebenden Aufmerksamkeit** und bringt damit zum Ausdruck: Wir wenden uns vor Gott mit offenem Herzen der Wirklichkeit des Lebens zu und lernen sie als „grosse Aufmerksamkeit Gottes" wahrnehmen. Wir begegnen dem Leben, den Menschen und mir selber mit liebender Aufmerksamkeit im Glauben, dass Gott uns durch die Wirklichkeit umarmt (Willi Lambert).

Die Schritte dafür sind einfach:

- **still werden – den Atem spüren – mich in Gottes Gegenwart stellen**
- **Gott um einen aufmerksamen und ehrlichen Blick bitten**
- **auf den Tag schauen – dort verweilen, wo ich angesprochen bin**
- **danken für alles, was gut war – Bitte um Verzeihung für alles Ungute**
- **Auf! Wo spüre ich eine Einladung? Was ist der nächste Schritt?**
  Auf-erweckt leben!
- **meine Pläne für morgen Gott anvertrauen**
- **Unservater beten**

Siehe als möglichen Ablauf auch **Tagesrückblick 2: Kurzanleitung** in diesem Heft.

Eine liebende freie Antwort auf Gottes Liebe kann nie nur Theorie oder Spekulation sein. Ideen müssen unbedingt zu entschiedenen Aktionen führen. Mit Ignatius gesprochen: „Die Liebe muss mehr in die Werke als in die Worte gelegt werden“ (EB 230). Die Liebe fordert den aktiven und totalen Einsatz von und Männern und Frauen, um die Ideale in Familie, Beruf, sozialen Bewegungen, politischen und rechtlichen Institutionen umzusetzen. Die Liebe fordert den ganzen Menschen in seiner praxis pietatis, im Lebensvollzug, im ganzen Lifestyle.

„Es gibt nichts Gutes, ausser man tut es“ (Erich Kästner), um „Christus unseren Herrn nachzuahmen und ihm aktualer [wirksamer] ähnlich zu sein“ (EB 167).

Willi Lambert: Aus Liebe zur Wirklichkeit. Topos plus 2003. S. 66-73; Thomas Neulinger SJ: Grundkurs Ignatianische Spiritualität 5 und 6. www.jesuiten.intevo.net/weblearning; Karin Johne: Geistlicher Übungsweg für den Alltag. Topos plus 1999, S. 181-184.

Kurzanleitung (Tagesrückblick II)

still werden, den Atem spüren
mich in Gottes Gegenwart stellen

Gott um einen ehrlichen Blick bitten

auf den Tag schauen
dort verweilen, wo ich angesprochen bin

Dank für alles, was gut war
Bitte um Verzeihung für alles, was nicht gut war

meine Pläne für morgen Gott anvertrauen

Unservater beten

□ *siehe als möglichen Ablauf auch **Gebet der liebenden Aufmerksamkeit (Tagesrückblick 1)** in diesem Heft*

Homo viator: Die längste Reise ist die Reise nach innen

Ein Charakteristikum ignatianischer Spiritualität kann zutreffend mit dem Wort „**Weg**" beschrieben werden. Jeder Mensch ist ein ***homo viator***, d.h. ein Mensch auf dem Weg. Ignatius reiste zu Fuss, auf Reittieren und an Bord eines Schiffes quer durch Europa, nach England und Jerusalem, was sein spirituelles Lebensgefühl derart prägte, dass er seine Briefe mit „*der Pilger*" unterschrieb. Als „*Bericht des Pilgers*" erschien seine geistliche Autobiographie. Seine **geistlichen Übungen**, die **Exerzitien** verglich Ignatius mit dem ***„Gehen und Laufen"***. Auf dem Gebetsweg der Exerzitien werden Menschen begleitet durch alle „spirituellen Landschaften": in den Garten Eden, durch die Wüste, durch dunkle Schluchten, auf den Tabor, nach Golgota und auf den Berg der Himmelfahrt und Aussendung. Der übende Mensch ist eingeladen, Weggefährte Jesu zu werden. **Jesus selbst ist *der Weg*, auf dem Gott dem Menschen entgegenkommt**. Dabei hat **Gott hat für jeden Menschen einen Weg - für jeden einen anderen.** Im Gang zur Quelle, zum Wasser des Lebens, zu Ursprung und Ziel, Alpha und Omega suchen und finden wir unsere aktuelle Lebensaufgabe, Gottes Willen für unser Leben - als immer schon von Gott gefundene Menschen.

„Exerzitien"*:** Im Mittelpunkt steht das **Üben**! Sportler absolvieren Trainingsprogramme um Ausdauer und Beweglichkeit zu verbessern. Wanderer und Bergsteiger üben sich vor schwierigen Touren an leichten Routen. ***„Vom Kennen zum Können führt nur eines: die Übung!", sagt Willi Lambert. Neben der Fähigkeit die Bibel überhaupt lesen zu können, gibt es **andere Voraussetzungen**, um aus dem Umgang mit ihr Kraft zu schöpfen und zu leben: In rast- und ruheloser Zeit braucht es Übung, um das Lebenstempo zu verlangsamen und den elementaren Lebensrhythmen (Wachen-Schlafen, Arbeiten-Ruhen…) auf die Spur zu kommen. Als oft mehr „Getriebene" als GestalterInnen unserer Zeit benötigen wir Übung für Sammlung, Konzentration von aussen nach innen: Damit wir der **lebendigen Quelle** tief in uns auf die Spur kommen und dort leise Impulse und Berührungen Gottes vernehmen können.

- **Einüben in die Empfangsbereitschaft**

Als „kopflastige" von Technik und Wissenschaft geprägte Menschen gehen uns andere Dimensionen des Menschseins leicht verloren. Wir vergessen, dass Entscheidendes nur „empfangen" und niemals „gemacht" werden kann. Der ignatianische Weg bietet Hilfen an, die Grundhaltung der Empfangsbereitschaft zu vertiefen oder wieder zu gewinnen.

- **Einüben ins Innehalten und Verweilen**

Für unsere leibliche, seelische und geistige Gesundheit brauchen wir den Rhythmus zwischen Bewegung und Ruhe, Nach-aussen-Streben und Zu-sich-Zurückfinden, Aufnehmen von Neuem und Verarbeiten von Aufgenommenem. *Wo dieser Rhythmus gestört ist, ist das Leben gestört.(Willi Lambert)* Wir üben das Innehalten, bei etwas Verweilen ein -im Entspannen, im Atmen, im Schauen, im Horchen im Verkosten- ohne Angst irgendetwas zu verpassen.

- **Einüben des Schauens auf das Wesentliche**

„Nicht das Vielwissen sättigt und befriedigt die Seele, sondern das Verspüren und Verkosten der Dinge von innen her" (EB 2)

Es gilt uns auf das Wesentliche einzulassen! Dazu müssen wir das Wesentliche vom Unwesentlichen trennen können. Diese Unterscheidungsfähigkeit ist eine wichtige Voraussetzung für die *Entscheidungsfähigkeit im Alltag* - Grundpfeiler geistlichen Lebensvollzuges. Ist es doch das Ziel der Hin- und Rückeise: Gottes Willen zu suchen, zu finden und die ganze Lebenswirklichkeit auf Gott hin auszurichten und zu ordnen.

Willi Lambert: Aus Liebe zur Wirklichkeit. Topos plus 2003, S.15ff; Karin Johne: Geistlicher Übungsweg für den Alltag. Topos plus 1999, S. 25-49

Magis – mehr

Das Wörtchen „mehr“, lat. „magis“, hat im ignatianischen Wortschatz eine „magische“ Bedeutung. Oft spricht Ignatius im Komparativ: „zur *grösseren* Ehre Gottes“, „zum *grösseren* Dienst und Lobpreis Gottes“, „sich gegenseitig *mehr* helfen, nützen“, etc. Eine Kursteilnehmerin, die sich Gedanken über dieses Kennzeichen und Qualitätsmerkmal ignatianischer Spiritualität macht, weist **Willi Lambert SJ** auf das Symbol einer lebendig sprudelnden Stromquelle hin: *„Die Liebe ist kein stehendes Gewässer, kein Tümpel, keine Zisterne, die leer gepumpt wird. Die Liebe läuft nicht aus, sondern sie läuft über! Liebe ist wie Quellwasser, das sich aus den unerschöpflichen Grundwassern von Himmel und Erde nährt.“* Das „Mehr / Magis“ ist der Ausdruck einer **Dynamik des Wachstums** und zudem die **Herzmitte der ignatianischen Spiritualität.** Es kann als (immer noch) vertrauensvoll<u>er</u>, hoffnungsvoll<u>er</u>, liebevoll<u>er</u>, freudevoll<u>er</u> leben beschrieben werden.

Die Mitte der Glaubenspraxis besteht nach Jesu Worten darin, *„Gott aus ganzem Herzen und mit allen Kräften zu lieben und den Nächsten wie sich selbst.“* (Mk 12,30f). Nach Ignatius ist es Wesen und Kennzeichen der Liebe zu wachsen und sich zu mehren. Auch Teresa von Avila drückt das auf sehr plastische Weise aus: Man müsse täglich in den Tugenden zu wachsen suchen, sonst *„werdet ihr immer Zwerge bleiben. Ja, Gott gebe, dass dann das Wachstum nimmer stockt; denn ihr wisst doch: Wer nicht wächst, schrumpft ein. Ich halte es für unmöglich, dass die Liebe sich damit begnügt, ständig auf der Stelle zu treten.“* Die Gangart der Liebe ist das Gehen (W. Lambert: Aus Liebe zur Wirklichkeit, S. 107).

Grund für das Fortschreiten und Wachsen in der Liebe ist nicht eine Art Leistungsdenken, das unseren zeitweiligen „Standort“, bzw. unsere „Grenzen des Wachstums“ nicht respektieren und uns deshalb überfordern würde. Der wahre

Grund für das göttliche „Mehr“ ist der **„je grössere Gott“** und der antwortende **„je grössere Mensch“**, *„der unendlich den Menschen überschreitet“* (Blaise Pascal). Wenn Menschen zu grossen Liebenden werden und Gott ***mehr*** lieben, dann wünschen sie, dem Geliebten näher zu kommen. Wollen ihr Leben immer mehr dem Willen Gottes entsprechend machen. Es geht um die Qualität, nicht um die Quantität. Das Ziel ist eine intensiv***ere*** Gottesbeziehung, eine tief***ere*** Liebe zu den Nächsten, ein ***Wachstum im Vertrauen, in der Hoffnung, in der Kraft und in der Freude.***

Dabei sind nach Teresa von Avila*“die Beziehungen in der Gemeinschaft oft ein klareres Zeichen von der Beziehung zu Gott als die Höhen des mystischen Gebetes.“* Die **Beziehungen untereinander** als ein zuverlässiges **Kriterium** für die **Gottesbeziehung** – im Grunde finden wir diese Wahrheit schon im 1. Johannesbrief (3,17; 4,8.12). Die erste Liebestat ist: den anderen wahr-nehmen, sich zurücknehmen ohne sein eigenes Personsein zu verleugnen. Das Wachstum zeigt sich im **Wahr-Nehmen**: Wie begegne ich dem anderen aufmerksamer, hilfreicher, liebevoller, vertrauensvoller, hoffnungsvoller? Das Evangelium ist ein Glaube, der die Erde liebt. Deshalb drückt der ignatianische **Grund-Satz „Gott suche und finden in allen Dingen“** genau diese Einheit von Glauben und Leben und Lieben aus.

„Unter den Kennzeichen des Jesuiten ist das ‚Mehr’ nicht einfach eines unter anderen. Es durchdringt sie alle. Das gesamte Leben des Ignatius war eine pilgernde Suche nach dem ‚Mehr’, der immer größeren Ehre Gottes, dem immer umfassenderen Dienst am Nächsten, dem allgemeineren Wohl, den wirksameren apostolischen Mitteln.“ (zit. bei Thomas Neulinger SJ)

Willi Lambert: Aus Liebe zur Wirklichkeit. Grundworte ignatianischer Spiritualität, S. 107f; Piet van Breemen: Was zählt, ist Liebe. Exerzitien für den

Alltag. Herder 2005, S.102; ders.: Erfüllt von Gottes Licht. Eine Spiritualität des Alltags. Topos plus 2005; Thomas Neulinger SJ in: G&G. Zeitschrift des Forums Glaube und Gerechtigkeit. Freundeskreis der Jesuiten Nr. 1/2001.

Schriftbetrachtung (Kurzfassung)

still werden, den Atem spüren,
mich in Gottes Gegenwart stellen

Vorbereitungsgebet beten

bitten, was ich ersehne

den Text lesen, mir die Szene vorstellen
meditieren
verweilen, wo ich angesprochen bin
verspüren, verkosten, dableiben

mit Gott ins Gespräch kommen

Unservater beten

Rückschau halten

□ *siehe auch* ***Struktur einer Exerzitieneinheit*** *in diesem Heft*
□ *ferner* ***Zusammenfassung: Hilfen für die Stille und das Gebet***

Im Schweigen eine Annäherung an Gott

„Was? Du hast eine Woche lang nicht reden dürfen? Das könnte ich nie!" – Exerzitanten machen die Erfahrung, dass Schweigen und Stillewerden geht.

Der Mensch ist ein **Wortwesen**. Er beginnt vom ersten Augenblick seines Lebens an, eine Sprache zu lernen. Unter dem Angesprochensein seiner Eltern verwandelt sich das Schreien des Säuglings langsam in ein Sprechen. Wie glücklich sind sie, wenn das erste Wort aus dem Mund des Kleinkinds ertönt! Doch die sprechende Zuwendung zum Kind stellt nur eine **Seite** dar. Sie ist getragen und durchdrungen von den Zeiten, in denen sich die Eltern wortlos dem Säugling widmen. Sie zeigen ihm nicht mehr als das Antlitz und wenden sich ihm schweigend, aufmerksam und vielleicht lächelnd zu. Oft braucht der Säugling nur die Stille, damit er sich im Schlaf bildet. Vom ersten Augenblick an gehören **Wort** und **Schweigen** zusammen. Beides ist lebensnotwendig und Leben fördernd. Es sind zwei Seiten einer Medaille und bilden keinen Gegensatz.

Auch **Schriftsteller** und **Dichter** haben immer um den Zusammenhang von Wort und Schweigen gewusst. ILSE AICHINGER nimmt ihre Metapher aus der monetären Welt, um auszudrücken, dass das Wort seine Kraft gerade aus dem Schweigen holt: *„Auch wenn man spricht, die Währung müsste gedeckt sein durch Stille."* Ohne Schweigen wird das Sprechen hohl und ‚inflationär'. Es verliert seinen Wert, wenn es nicht mehr durch Stille ‚gedeckt' ist. In lyrischer Verdichtung und schon deutlich an die prophetische Kraft des Wortes anspielend, formuliert auch FRIEDRICH NIETZSCHE: *„Wer einst Grosses zu verkünden hat, schweigt lang in sich hinein. Wer einst den Blitz zu zünden hat, muss lange Wolke sein."* Der französische Philosoph MICHEL FOUCAULT, der in einem provinziellen katholischen Milieu aufwuchs, erzählt aus seiner Kindheit, dass er gehalten war mit Besuchern des Hauses Konversation zu betreiben, was ihm derart schwer fiel, dass er sich später für eine **Kultur** des Schweigens aussprach: *„Ich habe mich oft gefragt, warum die Leute die Pflicht zu sprechen verspürten. Das Schweigen kann ein dermassen interessanterer Beziehungsmodus sein."*

Der dänische Religionsphilosoph SÖREN KIERKEGAARD legt einem jungen **Arzt** ans Herz: *„Schaffe Schweigen – als Voraussetzung, dass überhaupt Heilung geschehen kann!"* und er macht auch einmal deutlich, dass Schweigen ein **Wegstück** des **Gebetsweges** ist: *„Als mein Gebet immer andächtiger und innerlicher wurde, da hatte ich weniger zu sagen. Zuletzt wurde ich ganz still. Ich wurde, was womöglich noch ein grösserer Gegensatz zum Reden ist, ich wurde ein Hörer...So ist es: Beten heisst nicht, sich selber reden zu hören; beten heisst still werden und still sein und warten, bis der Betende Gott hört"*.
Die Stille, aus der das Wort hervorgeht, ist ein schweigendes Hören. Sie ist waches Dasein, Aufmerksamkeit, innere Präsenz und reine Wahrnehmung. Darum weiss die biblische Tradition und fordert auf: *„Hört und ihr werdet leben!"* (Jes 55,3). Die schöpferische Stille ist vom Verstummen also meilenweit entfernt. Sie entsteht, wenn das Hören ein Horchen wird und das Sehen ein Schauen.

BEWAHRE IN ALLEM DIE INNERE STILLE, UM IN CHRISTUS ZU BLEIBEN.
Stille sein, heisst auf Gott hören, heisst Raum schaffen, ihn zu empfangen.
ORDENSREGEL VON TAIZÉ

Literatur: Willi Lambert SJ: Das siebenfache Ja: Exerzitien, ein Weg zum Leben (Echter), S.34; Christian Rutishauser (im Vorwort von): Marcel Steiner: Tiefe Stille – Weiter Raum: Schweige-Impulse für jeden Tag (Kösel 2009) S.8f; Reiner Ruffing: Michel Foucault (UTB Profile), S.9

Struktur einer Exerzitieneinheit

Einstieg mit Körper-Übung

Ich beginne diese Übung und beachte dabei, dass nichts tun oder leisten muss. Ich darf einfach sein, wahrnehmen und wahr sein lassen.

-Ich setze mich in einer aufrechten und entspannten Haltung auf einen Stuhl, ein Medita-tionskissen oder eine Gebetsbank. Die Hände ruhen auf den Oberschenkeln. Ich halte meine Augen geschlossen oder auf einen bestimmten Punkt gerichtet, der nicht weit von mir auf dem Boden oder an der Wand lieget. Das Kinn neigt sich nur ganz leicht gegen unten.

-Ich versuche, den Raum meines Beckens wahrzunehmen,
ebenso den Kontakt zur Sitzfläche.

-Ich nehme mein rechtes Bein wahr und versuche zu erspüren,
wie sich der Oberschenkel, das Knie, der Unterschenkel und der Fuss anfühlt. Ich tue das gleiche mit dem linken Bein. Dann spüre ich den Kontakt der Beine und Füsse zum Boden. Wie fühlen sich meine Füsse an? Kann ich die Zehenspitzen fühlen? Die Sohlen?

-Ich kehre zurück in den Beckenraum. Von da aus richtet sich meine Wirbelsäule auf. Ich spüre der Wirbelsäule entlang über den Nacken zum Kopf. Ich stelle mir vor, dass ein feiner Faden, befestigt an meiner Scheitel, mich aufwärts zur Decke zieht.
So kann ich aufrecht und entspannt sitzen.

-Ich nehme wahr, wie meine Kleidung auf meinen Schultern liegt. Ich erspüre das Gewicht meiner Kleidung.

-Ich spüre von der Schulter aus in meinen rechten Arm und die rechte Hand. Danach nehme ich wieder von der Schulter aus die Empfindungen des linken Arms und der linken Hand wahr.

Ich verweile einen Moment bei meiner Atmung.

Ein berühmter östlicher Meister sagte häufig zu seinen Schülern: "Dein Atem ist dein bester Freund. Kehre zu ihm zurück in allen deinen Schwierigkeiten, und du wirst Trost und Führung finden."

-Ich nehme bewusst wahr, wie die Luft durch die Nasenlöcher ein-strömt und wieder aus-strömt ...

Ich kontrolliere meinen Atem nicht. Ich versuche nicht, ihn zu steuern. Ich mische mich nicht ein. Ich nehme nur aufmerksam wahr.

-Ich kann die einströmende Luft – den Atem Gottes – annehmen als Geschenk, als Symbol für das Leben selbst, das mir Gott gegeben hat und dauernd gibt. In die Luft, die ausströmt, kann ich meine Hingabe, meine Dank-barkeit gegenüber Gott hineinlegen.

Ich spreche ein Gebet (Vorbereitungsgebet)

Meditation eines Bibelwortes oder eines Wortes aus der spirituellen Tradition

- *Ich mache mir bewusst:* ***Ich bin an-gesehen.***
  Ich versuche mich, mein Wesen und Dasein mit Gottes liebenden Augen zu sehen.

- **Ich lese langsam, Wort für Wort, Satz für Satz.**
  … Was fällt mir auf?
  … was regt sich in mir bei diesen Worten?
  … vielleicht bleibe ich bei einem Wort, einem Satzteil stehen.

- **Bei der Stelle, die mir auffällt, wo ich mich angesprochen fühle, verweile ich und versuche „innerlich zu verkosten".**
  …Welche Regungen des Herzens nehme ich wahr, wenn ich diese Stelle lese?

  Freude, Sehnsucht, Hoffnung…

- **Wie kommen dieser Vers, diese Worte in meinem Leben zum Tragen?**
  Was bedeuten sie mir gerade jetzt und hier?
  Was will Gott mir wohl heute sagen?

- **Zwiegespräch mit Gott wie mit einem nahen Freund, wie mit einer guten Freundin**

  Ich komme mit Gott ins Gespräch über das, was mich bewegt, was mir wichtig wird:
  Dankend, lobend, zweifelnd, fragend, bittend…

Unser Vater beten

Rückschau halten

□ *siehe auch* ***Schriftbetrachtung (Kurzfassung)*** *in diesem Heft*

□ *ferner* ***Zusammenfassung: Hilfen für die Stille und das Gebet***

Das Vorbereitungsgebet - meiner tiefsten Sehnsucht folgen

„*Willst du ein Schiff bauen, erwecke in den Menschen die Sehnsucht nach dem Meer*", schreibt Antoine de Saint-Exupéry, und Nelly Sachs erkennt „*Der Anfang von allem ist Sehnsucht*". Die Sehnsucht ist der Ort, wo Himmel und Erde, Gott und Mensch sich vereinen. In unserer tiefsten Sehnsucht, die letztlich immer Gottessehnsucht ist, erscheint und leuchtet Gott auf und lässt uns Zeugnis sein für andere Menschen. (Willi Lambert) Nach Augustinus ist „*die Sehnsucht nach Gott das immerwährende Gebet*".

Vorher noch erkennen unsere Herzenssinne mit Augustinus, dass „*die Sehnsucht Gottes der lebendige Mensch*" ist. Und wir beten staunend mit Katharina von Siena: „*Gott, Du Feuer und Abgrund der Liebe, Du Narr aus Liebe, brauchst Du denn Dein Geschöpf? Du benimmst Dich, als ob Du ohne Dein Geschöpf nicht mehr leben könntest. Dabei bist Du doch das Leben, von dem alles Leben hat. Warum also bist Du deinem Leben so närrisch zugetan?*" Bei Jesus zeigt sich die Sehnsucht Gottes nach uns zum Beispiel in der Frage an kranke Menschen:" *Was willst du, dass ich dir tun soll?*" oder wenn er sagt: „*Sehnlich habe ich danach verlangt, dieses Mahl mit euch zu feiern*" (Lk 22,15).

Für uns alle ist es hilfreich und lohnend, der eigenen **Lebens-Sehnsucht** auf die Spur zu kommen? Wir können uns fragen:

- Welche tiefe Sehnsucht ist der Dreh- und Angelpunkt meines Daseins?
- Ist in mir eine echte Sehnsucht danach, Gott näherzukommen und mich seiner umgreifenden Wirklichkeit „innezuwerden"?
- Ist der tiefe Wunsch in mir lebendig, mein Christsein / Christinsein nicht nur als Mitläufertum mit anderen zu leben, sondern ein Stück persönliche Nachfolge Christi in meinem Leben zu versuchen?

- Kann ich wahrhaftig darum bitten, dass mein Leben durch den Heiligen Geist mehr und mehr durchdrungen, vertieft und verwandelt wird?
- Ist mir das, wonach ich im tiefsten Herzen Sehnsucht verspüre, so wichtig, dass ich bereit bin, es mich etwas kosten zu lassen? Kann ich den begonnenen Weg auch über Schwierigkeiten und Durststrecken fortsetzen?

Nach Karin Johne, Geistlicher Übungsweg für den Alltag Topos plus 1999, S. 17ff

Ignatius will die Kraft der Sehnsucht wecken durch Bitten in jeder Stille. Die erste und immer gleich lautende Bitte ist das ***„allgemeine Vorbereitungsgebet***“: *„von Gott unserem Herrn die Gnade erbitten dazu hin, dass alle meine Absichten, Handlungen und Beschäftigungen auf den Dienst und das Lob seiner göttlichen Majestät geordnet sind*“ (EB 46).

Es kann sich für uns alle lohnen, uns einmal selbst zu fragen: **Was wäre für mich die fundamentale Bitte, in der sich die ganze Sehnsucht meines Lebens zusammenfasst und die ich jeden Tag neu aussprechen möchte?** Dann ein eigenes persönliches Vorbe-reitungsgebet zu verfassen und täglich auszusprechen. Viele machen die Erfahrung, dass diese „Lieblingsbitte“ oder „Herzensbitte“ ihr ganzes Leben und Beten trägt und prägt. Für andere unter uns sind die „Pelen unserer Tradition“ – vorgeformte Gebete – die zum Teil Generationen vor uns schon gebetet haben, eine grosse Hilfe. Sie geben unseren Erfahrungen und Befindlichkeiten Ausdruck und Sprache und nehmen uns in die grosse Gebetsgemeinschaft der ChristInnen hinein - umso mehr, wenn sie auf dem ganzen Erdkreis von ChristInnen verschie-dener Konfessionen gebetet werden. Deshalb findet Ihr einige Vorbereitungsgebete in diesem Heft zur Auswahl zusammengestellt (nachfolgende Seite).

Willi Lambert: Aus Liebe zur Wirklichkeit. Topos plus 2003, S.26ff; Lukas Niederberger: Kleine Bet-Lektüre. Patmos 2006, u.a. S. 20; Thomas Neulinger SJ: Grundkurs Ignatianische Spiritualität 4. www.jesuiten.intevo.net/weblearning.

Vorbereitungsgebete (Perlen der Tradition)

Vor Gott werde still meine Seele.
Gott, öffne mir das Ohr meines Herzens. Ich will hören mit wachen Ohren. Ps 62,2 / Benedikt von Nursia

Ich lassse meine Seele ruhig werden und still; wie ein kleines Kind bei der Mutter ist meine Seele still in mir.

nach Psalm 131,2

Gott, du wartest auf mich, bis ich geöffnet bin für dich.
Ich warte auf dein Wort, das mich aufschliesst.
Stimm mich ab auf deine Stimme.
Stimm mich ab auf deine Stille.

Huub Oosterhuis

Gott, öffne mir die Augen,
mach weit meinen Blick und mein Interesse,
damit ich sehen kann, was ich noch nicht erkenne.
Gott, öffne mir die Ohren,
mach mich hellhörig und aufmerksam,
damit ich hören kann, was ich noch nicht verstehe.
Gott, gib mir ein vertrauensvolles Herz,
das sich deine Wort und deiner Treue überlässt und zu tun wagt, was es noch nicht getan hat.
Gott, ich weiss, dass ich nur lebe,
wenn ich mich von dir rufen
und verändern lasse.

Willi Lambert SJ

Gib mir einen reinen Sinn - dass ich
dich erblicke,
einen demütigen Sinn - dass ich
dich höre,
einen liebenden Sinn - dass ich
dir diene,
einen gläubigen Sinn - dass ich
in dir bleibe.
Dag Hammarskjöld

Hier bin ich, Gott, vor dir, so wie ich
bin - mit meiner Sehnsucht, meiner
Hoffnung, meiner Freude, meinem
Ärger, meiner Müdigkeit...
Hilf mir zu sehen, was du mir zeigen
möchtest,
zu hören, was du mir sagen
möchtest,
zu spüren, dass du mit mir gehst und
bei mir bleibst.
So bin ich jetzt vor dir.
Autorenschaft unbekannt

Dasein vor dir, Herr, ist alles.
Die Augen meines Leibes schliessen
und still sein.
Die Augen meiner Seele schliessen
und warten.
Dir gegenwärtig sein, dem unendlich
Gegenwärtigen,
mich dir aussetzen, wie du dich mir
ausgesetzt hast.
Michael Quoist

Herr, mein Gott, gib mir, dass all
meine Absichten, Handlungen und
Betätigungen rein auf den Dienst
und Lobpreis deiner göttlichen
Majestät hingereichtet seien.
Ignatius von Loyola
(EB 46)

Wahrnehmen: Die Anwendung der Sinne in der Textmeditation

Wir haben unsere Sinne - sehen, hören, riechen, schmecken, ertasten... - „beisammen" und sind hoffentlich nicht „von Sinnen" – und zugleich kann es sein, dass es uns schwer fällt, mit den Sinnen *nur* wahrzunehmen. Wir sehen ständig, hören ständig und springen von einem Eindruck zum nächsten. Das *Filtern* hilft uns dabei, das zu hören oder zu sehen, was für uns wichtig ist. Schwieriger ist es, bei einer Wahrnehmung zu *verweilen*. Versuche es einmal: Nimm eine Pflanze und schaue dir ein Blatt oder eine Blüte eingehend an. Schaffst du es fünf Minuten dabei zu bleiben, ohne dass sich zahlreiche Bilder einstellen oder eine Gedanken-welle -„die Wäsche muss aus der Maschine! Morgen – viele Termine, eine mühsame Sitzung! Was soll das eigentlich für eine komische Übung sein?"- dich überschwemmt? Wenn ja, dann bist du ein Naturtalent oder einen längeren inneren Weg gegangen. Wenn nein, ist es gar nicht schlimm, sondern ein Hinweis, dass es interessant wird!
Auch körperliches Wahrnehmen ist nicht körperliches Wahrnehmen. Vielleicht treibst du Sport und hast ein gutes Körpergefühl. Es kann auch hier tiefer gehen. Kannst du die vierte Zehe rechts spüren, ohne sie zu berühren oder zu bewegen? Menschen, die sich mit der Sprache des Körpers befasst haben wie *Samy Molcho* oder *Mosche Feldenkrais* weisen auf die vielen nachweisbaren Zusammenhänge von Leib, Seele und Geist hin.

Sinne sind Empfangsorgane. Über sie nehmen wir die Umwelt wahr und können das, was uns begegnet empfangend in uns aufnehmen. Die leibliche Möglichkeit hat eine *innere Entspre-chung*: Auch in meiner Vorstellung vermag ich zu hören, zu sehen, zu schmecken, zu fühlen, zu riechen. Ignatius weist immer wieder darauf hin, dass wir, wenn wir uns auf die Berichte der Evangelien einlassen, versuchen sollen, **das, was wir lesen mit allen inneren Sinnen so lebendig als möglich wahrzunehmen**:

- mit der inneren Vorstellungskraft sehen, was geschieht
- mit den inneren Ohren die Stimmen hören
- mit dem inneren „Geruch“ das Geschehen einatmen
- mit dem inneren Tastsinn tief erspüren
- mit dem inneren Geschmacksinn verkosten…

Es ist gut, die inneren Sinne im Blick auf eine vertraute Situation zu üben: Ich liege an einem warmen Maientag auf einer Blühenden Wiese an der Sonne und „trinke“ mit allen Sinnen die Schönheit um mich her in mich hinein…
Das kann als Anregung dafür verstanden werden, ein Wort zu verkosten wie eine wohlschmeckende Speise oder zu erfahren, welche Resonanz es in mir als seinem Instrumen-tenkörper auslöst als himmlische Melodie.

Ignatius beschreibt den Vorgang folgendermassen:
„Mit der Sicht der Vorstellungskraft Personen sehen, indem man über ihre Umstände im einzelnen sinnt und betrachtet und irgendeinen Nutzen aus der Sicht zieht.
…Mit dem Gehör hören, was sie sprechen oder sprechen können… mit dem Geruch und mit dem Geschmack riechen und schmecken: die unendliche Sanftheit und Süsse der Gottheit, der Seele und ihrer Tugenden und von allem gemäss der jeweiligen Person, die man betrachtet.
…Mit dem Tastsinn berühren, etwa die Orte umfassen…, auf die diese Personen treten und sich niederlassen.“ (EB 122-125)

Karin Johne: Geistlicher Übungsweg für den Alltag. Topos plus 1999 S.41f;
Thomas Neulinger, in: geist.voll 3/2005

Mit Zerstreuungen im Gebet umgehen

Wenn wir in die Stille gehen und beten, steigen in den meisten von uns schnell störende Gedanken, Gefühle, Erinnerungen, Phantasien auf und lenken uns ab. Unsere Aufmerksamkeit ist dann oft mehr bei ihnen als beim Gebet. Solche Zerstreuungen können sehr angenehm sein oder auch schmerzlich, ärgerlich, störend. Manche Ablenkungen beschäftigen uns nur kurze Zeit, andere wieder beanspruchen vielleicht beinahe unsere gesamte Gebetszeit.

Woher kommen die Zerstreuungen? Im Laufe unseres Lebens hat sich in uns viel – vor allem auch Negatives – angesammelt: Verletzungen, die oft bis in die frühe Kindheit zurückreichen, Enttäuschungen, eigenes Versagen, Ängste, ungelöste Konflikte, unerfüllte Wünsche, Sorgen, Müdigkeit, Trauer, Wut,...: all das ist uns im normalen Leben meist nicht bewusst; weil es schmerzlich und unangenehm ist, drängen wir es weg und unterdrücken es. Wenn es um uns herum still wird, merken wir erst, dass uns ein unablässiger Gedankenfluss durchströmt.

Was nicht hilft

a) Wenn uns Zerstreuungen kommen, neigen wir dazu, uns mit ihnen zu beschäftigen, das heißt uns von ihnen ablenken zu lassen und ihnen nachzugehen. Das führt nicht weiter.

b) Zerstreuungen, die uns unangenehm sind, uns Angst machen oder unmoralisch erscheinen (Hass, Zorn, Eifersucht, sexuelle Phantasien usw.) drängen wir – oft ganz automatisch und unbewusst – weg, wir bekämpfen und unterdrücken sie. Gedanken und Gefühle, gegen die wir kämpfen, werden dadurch meist noch mächtiger, wir werden wie besessen von ihnen. Das hilft nicht.

c) Eine andere Möglichkeit besteht darin, dass wir uns mit den auftauchenden Gedanken und Gefühlen beschäftigen: Woher sie kommen, warum wir so sind, wie uns ändern könnten. Wenn wir dem nachgehen, sind wir nicht mehr im Gebet, sondern betreiben Selbstanalyse. Im Gebet führt das nicht weiter.

Worauf es ankommt

Wenn wir uns bei unseren Gedanken und Phantasien aufhalten, kreisen wir in irgendeiner Weise letztlich immer um unser (im Vergleich kleines) Ich. Gebet aber ist Hinwendung zu Gott, der viel grösser ist als unser Herz. Nicht unser (kleines) Ich, sondern *Gott –über, hinter, unter, vor, in allem Sein-* steht dabei in der Mitte unserer Aufmerksamkeit. Unser Tun ist Gebet, wenn unsere Aufmerksamkeit um Gott kreist – statt um uns selbst.

Was hilft

a) Es ist, wie es ist

„Immer wieder abschweifende Gedanken sind eine lästige Störung, die den Weg eines jeden
ernsthaft Kontemplativen begleitet." (A. de Mello) Das ist eben so und braucht uns nicht weiter zu beunruhigen. Nur Gott kann in Seiner Gnade – wenn und wie Er will – unsere Auf-merksamkeit auf sich lenken. Mit unserem eigenen Bemühen können wir das nicht erreichen.

b) Was wir tun können

Wir können unsere Aufmerksamkeit mit den Kräften, die wir eben haben, immer wieder behutsam auf Gott hin lenken, immer wieder zu Ihm zurückkehren, und wenn es tausendmal am Tag ist. Wir brauchen nicht mehr zu geben, als wir haben; allerdings sollten wir wirklich alle Kräfte, die wir haben, hingeben vergleiche die arme Witwe, die ihre letzten Münzen in den Opferkasten wirft – LK 21,1-4), unser ganzes Herz (Mk 12,28-30).

Die Zerstreuungen kommen immer wieder; wir nehmen sie wahr, lassen sie (freundlich) stehen und kehren sofort und entscheiden zum Gebet zurück, ohne sie zu bekämpfen und ohne uns mit ihnen zu befassen. Das ist oft sehr schwer, eine wirkliche Selbstverleugnung. Wir wissen aber: für Gott ist nichts unmöglich. Er kann uns jederzeit mit Seiner Gnade in Seine Gegenwart holen und uns dort bleiben lassen. Die Sehnsucht nach Ihm, Seiner Gegenwart und Seiner Gnade sollten wir in uns vor allem nähren.

Michael Messner SJ. Erschienen in:Jesuiten. Mitteilungen der österreichischen Jesuiten 68 (1995)H.4, 16-17.

Ziel des geistlichen Übungsweges

- unsere Gottesebenbildlichkeit entdecken; dass wir ein kostbares Du für Gott sind, wertvoll in Gottes Augen (Gen 1, 27 und Jes 43,3)
- Wege finden als diese Ebenbilder Gottes als Mann und Frau - jedes davon ist einzigartig - identisch und würdevoll zu leben
- zur Ruhe kommen
- neu entdecken, was mich leben lässt
- mich dem stellen, was mich bedrängt
- das Leben Jesu betrachten; erahnen und erfahren, dass Jesu Leben mein Leben verändern kann
- „Im Schauen auf sein Antlitz…“ : erahnen und erfahren, dass Christus mich und den Menschen, der/die ich bin, verändern und in sein Bild verwandeln kann
- immer mehr befähigt werden zu glauben, zu hoffen, zu lieben
- immer mehr unterscheiden lernen, was der Liebe und dem Leben dient, bzw. was der Liebe und dem Leben hinderlich ist

Zusammenfassung: Hilfen für die Stille und das Gebet mit Anleitungen

1. Vorbemerkungen

Der igantianische Übungsweg hat die geistliche Prägung des Alltages zum Ziel. Dabei wollen Zeiten ausdrücklichen Betens im Alltag in erster Linie helfen, dass mein Leben bewusst immer mehr ein Leben in und mit Gott wird. - So bedeutend diese Zeiten sind, sie sind nicht alles, nicht einmal das Wichtigste - der Ernstfall ist der ganze Tag mit all seinen Begegnungen, Beschäftigungen, Ereignissen, Leiden und Freuden als Ort und Mittel der Begegnung mit Gott.

Dafür können im Alltag einige **Augenblicke der Vergegenwärtigung** hilfreich sein. Solche Gele-genheiten sind eine Chance, aufmerksam Gottes liebende Präsenz wahrzunehmen und mich selber kennen zu lernen (Wünsche, Impulse, Abneigungen, Sorgen). Sie sind auch eine Chance, mich einzustellen auf das, was als nächstes auf mich zukommt:

- die ersten Augenblicke am Morgen nach dem Aufwachen
- Momente unmittelbar vor, während oder nach einer Tätigkeit, einer
  Begegnung,
  einem Telefongespräch usw.: immer wieder inne-halten.
- unterwegs von einem Ort zum anderen
- die letzten Minuten des Tages vor dem Einschlafen

2. Hilfen zur Gestaltung der Stille

*** Ich finde meine Zeit und bleibe ihr treu**

Es ist hilfreich, an jedem Tag eine möglichst feste Zeit (Zeitpunkt und Dauer) zu haben, zu der ich mich zu den Übungen dieses Tages zurückziehe (20 – 30 Minuten).

*** Ich finde meinen Ort und meine Haltung**

Es ist notwendig, den Ort zu finden, an dem ich ungestört bin und mich wohl fühle:

- ein Zimmer, in dem ich zur Ruhe komme; eine Kirche, ein Gartensitzplatz…
- den Ort einfach und liebevoll herrichten: ein Bild, ein schlichtes Kreuz, eine Kerze, eine (atmende!) Pflanze etc. vor mir; so, dass es mir zur Sammlung verhilft…
- evtl. ein Zettel an der Tür "Bitte nicht stören"…
- eine Sitzgelegenheit und eine Art zu sitzen, die mir hilft, aufrecht, gelöst und wach da zu sein…

*** Ich finde Wege, um mich nicht ablenken zu lassen**

Einige Tips, um in der Übungszeit zur Ruhe zu kommen:

- Telefon, Mobile abstellen; zudecken, weglegen; sich entscheiden, jetzt für niemanden verfügbar zu sein.
- Absprache mit den Mitbewohnern, in dieser Zeit absolut nicht zu stören
- Zettel und Stift bereitlegen, um evtl. notieren zu können, was mir an nötigen Erledigungen einfällt (damit ich es vergessen und ab-legen kann!)
- Wecker oder besser Küchenwecker bereitstellen und evtl. mit einem Kissen/einer Decke abdecken (damit ich nicht ständig auf die Uhr schauen muss)

*** Ich gestalte mit Struktur die (tägliche) Meditationszeit:**

Bewusst anfangen

Ich nehme mir Zeit und gehe an den Ort, den ich für die täglichen Gebetszeiten vorbereitet habe. Ich kann eine Kerze anzünden.

Wahrnehmen, wie ich jetzt da bin

Ich nehme die Körperhaltung ein, die mir hilft, ganz da zu sein.

Ich schliesse die Augen und spüre meinen Körper …

Ich spüre, wie ich jetzt da bin …

Mich auf Gott ausrichten

mit dem Wochengebet (Vorbereitungsgebet) und/oder einem Lied.

Meditationsimpuls

Ich wende mich dem Meditationsimpuls zu, wie er für den Tag angegeben ist.

…

Ich beende die Meditation dankend, bittend oder klagend mit einem Gebet

Abschliessen

Ich öffne die Augen wieder, verneige mich …

Zurückschauen

Wie ist es mir ergangen?

Was nehme ich mit hinein in meinen Tag?

Vielleicht schreibe ich etwas vom Erlebten auf.

3. Vertiefungen: Einsteigen mit Körper- und Atem-Übung

Körper-Übung

Ich beginne diese Übung und beachte dabei, dass nichts tun oder leisten muss. Ich darf einfach sein, wahrnehmen und wahr sein lassen.

- Ich setze mich in einer aufrechten und entspannten Haltung auf einen Stuhl, ein Medita-tionskissen oder eine Gebetsbank. Die Hände ruhen auf den Oberschenkeln. Ich halte meine Augen geschlossen oder auf einen bestimmten Punkt gerichtet, der nicht weit von mir auf dem Boden oder an der Wand lieget. Das Kinn neigt sich nur ganz leicht gegen unten.

- Ich versuche, den Raum meines Beckens wahrzunehmen, ebenso den Kontakt zur Sitzfläche.

- Ich nehme mein rechtes Bein wahr und versuche zu erspüren, wie sich der Oberschenkel, das Knie, der Unterschenkel und der Fuss anfühlt. Ich tue das gleiche mit dem linken Bein. Dann spüre ich den Kontakt der Beine und Füsse zum Boden. Wie fühlen sich meine Füsse an? Kann ich die Zehenspitzen fühlen? Die Sohlen?

- Ich kehre zurück in den Beckenraum. Von da aus richtet sich meine Wirbelsäule auf. Ich spüre der Wirbelsäule entlang über den Nacken zum Kopf. Ich stelle mir vor, dass ein feiner Faden, befestigt an meiner Scheitel, mich aufwärts zur Decke zieht. So kann ich aufrecht und ent-spannt sitzen.

- Ich nehme wahr, wie meine Kleidung auf meinen Schultern liegt. Ich erspüre das Gewicht meiner Kleidung.

- Ich spüre von der Schulter aus in meinen rechten Arm und die rechte Hand. Danach nehme ich wieder von der Schulter aus die Empfindungen des linken Arms und der linken Hand wahr.

- Zum Abschluss verweile ich einen Moment bei meiner Atmung.

Atem-Übung

Ein östlicher Meister sagte häufig zu seinen Schülern: "Dein Atem ist dein bester Freund. Kehre zu ihm zurück in allen deinen Schwierigkeiten, und du wirst Trost und Führung finden."

- Ich beginne diese Übung, indem ich mir einige Minuten lang der Empfindungen in verschie-denen Teilen meines Körpers bewusst werde.

- dann werde ich mir meines Atems bewusst. Ich nehme bewusst wahr, wie die Luft durch die Nasenlöcher ein-strömt und wieder aus-strömt ...

- Ich kontrolliere meinen Atem nicht. Ich versuche nicht, ihn zu steuern. Ich mische mich nicht ein. Ich nehme nur aufmerksam wahr.

- Werde ich zerstreut, kehre ich mit erneuter Aufmerksamkeit zu meiner Aufgabe zurück: das Fliessen des Atems wahrnehmen.

- Ich kann auch schrittweise den Atemweg langsam hinuntergehen und an den verschiedenen Stellen versuchen, den Atem wahrzunehmen bis ich in die Bauchgegend gelange.

- Ich kann die einströmende Luft – den Atem Gottes – annehmen als Geschenk, als Symbol für das Leben selbst, das mir Gott gegeben hat und dauernd gibt. In die Luft, die ausströmt, kann ich meine Hingabe, meine Dankbarkeit gegenüber Gott hineinlegen.

4. Verschiedene Anleitungen

A. Anleitung zur Schriftmeditation

Mich bereiten

Ich finde mich ein an meinem Gebetsplatz.
Ich nehme die Haltung ein, die mir hilft, ganz da zu sein.
Ich nehme mich wahr in meinem Leib.
Ich mache mir bewusst: Ich habe jetzt Zeit - für mich - für Gott.
Ich brauche nichts zu leisten.

Bitten um das, was ich zuinnerst suche

Ich höre in mich hinein, was mein Wünschen und meine Sehnsucht für diese Gebetszeit ist - wohin der Geist Gottes mich ziehen, mich führen will.

Betrachten – verweilen

Ich lese langsam den ausgewählten Schrifttext - vielleicht laut: Wort für Wort,
Satz für Satz.

Was fällt mir auf? Was spricht mich an?
Was beunruhigt mich vielleicht?
Ich nehme am Geschehen des Textes teil, lasse mich hinein-ziehen, schaue, höre, rede mit.
Ich bleibe bei dem, was mich innerlich bewegt, was ich empfinde, fühle, und lasse es in mich einsinken.
Wenn mich nichts betrifft: aushalten, harren, hoffen.

Ins Gespräch kommen

Ich versuche, mit Gott über das, was mich betroffen hat, ins Gespräch zu kommen: dankend, lobend, bittend, klagend, fragend.

Zurückschauen

Nach der Gebetszeit schaue ich zurück, wie es mir ergangen ist, was in mir nachklingt (dabei geht es mehr um innere Bewegungen als um Einsichten). Vielleicht werde ich mir einiges davon aufschreiben in mein Geistliches Tagebuch.

B. Anleitung zur Bildmeditation

Bilder wollen ansprechen, betreffen, herausfordern zu einer Antwort. Es geht nicht um eine objektive Deutung des Bildes, sondern um ein tieferes Erspüren der eigenen Wirk-lichkeit in der Begegnung mit dem Bild.

- Ich gehe an den Ort, wo ich ungestört da sein kann.
  Ich mache mir bewusst, dass jetzt meine Zeit des Gebetes ist.

- Ich nehme mir Zeit, um mich zu sammeln, still zu werden und mich zu öffnen für das,
  was mir jetzt geschenkt wird.

- Ich bitte Gott um das, was ich mir für diese Zeit des betenden Verweilens ersehne.

- Ich wende mich dem Bild zu und lasse es in seiner Gesamt-heit auf mich wirken.
  Was kommt mir entgegen?

Die äussere Wahrnehmung kann zu einer inneren Ergriffenheit führen.

Was empfinde ich beim Anschauen?
Was spricht mich an? Was stösst mich ab?
Woran erinnert mich das Bild?
Wo finde ich mich vielleicht selbst in dem Bild wieder?
Wie kann ich dieses Bild mit meinem Leben verbinden?

- So verweile ich bei dem Bild und nehme es in mich auf.

- Abschließend schaue ich zurück auf das, was ich in dieser Zeit erfahren habe und bringe Lob, Dank oder Bitte vor den, der mir in dieser Zeit nahe sein wollte.

C. Anregung für die Rückbesinnung auf den Tag

(ca. 10 Minuten)

Nach einer Zeit des Stillwerdens darum bitten, die eigene Wirklichkeit vorurteilsfrei anschauen zu können.

Was habe ich heute erlebt?
(was mir spontan kommt)
Wie habe ich mich dabei gefühlt?
Wie geht es mir jetzt damit?
Ich finde mich mit **meinem Alltag** heute vor Gott / Jesus Christus ein und komme mit Ihm ins Gespräch:
in Dank, Bitte, Klage, Freude, Frage, Hören
oder einfach in Stille vor Ihm.

D. Gebet der liebenden Aufmerksamkeit

Dieses Gebet (ca. 10 - 15 Minuten) dient dazu, aufmerksamer das eigene Leben mit Gott zu leben.

- Mich einfinden

Ich versuche, ganz da zu sein - wahrzunehmen, wie es mir jetzt geht - still zu werden, mich mit dem, was mich bewegt, in die Gegenwart Gottes zu stellen, der in Jesus Christus für mich da ist.

- Um Sein Licht bitten

Um Sein Licht bitten, dass ich diesen Tag mit dem, was heute war, anschauen kann, dass ich meine Wahrheit erkennen und zulassen kann.

- Den Tag durchgehen

Mit 'liebender Aufmerksamkeit' mich nun dem zuwenden, was heute war. Ich kann den Tag - Stunde für Stunde oder Ort für Ort oder Begegnung für Begegnung - an mir vorbeiziehen lassen; nicht sofort urteilen oder beurteilen, sondern wahr-nehmend und wahr-sein-lassend.

- Mich an Gott wenden

Mit dem, was jetzt in mir lebendig ist, komme ich mit Gott ins Gespräch: für das, was ich als gut und geschenkt erkenne, danke ich ihm; für das, was an Versagen, Scherben oder Wunden deutlich wurde, bitte ich um Vergebung und Heilung; das, was vielleicht an Betroffenheit, Unruhe, Sehnsucht, Hoffnung in mir ist, kann ich Ihm sagen und seinem Erbarmen überlassen.

- Den Blick auf den nächsten Tag richten

Ich bitte Gott um Kraft für den morgigen Tag; um Zuversicht und

Entschiedenheit für das, was mir jetzt wichtig ist; um Seine Nähe und Hilfe im Blick auf das, was morgen auf mich zukommt.

Alles beginnt mit der Sehnsucht

Alles beginnt mit der Sehnsucht,
immer ist im Herzen Raum für mehr,
für Schöneres, für Grösseres.
Das ist des Menschen Grösse und Not:
Sehnsucht nach Stille, nach Freundschaft und Liebe.
Und wo Sehnsucht sich erfüllt,
dort bricht sie noch stärker auf.
Fing nicht auch deine Menschwerdung Gott,
mit dieser Sehnsucht nach dem Menschen an?
So lass nun unsere Sehnsucht damit anfangen,
dich zu suchen,
und lass sie damit enden,
dich gefunden zu haben.

Nelly Sachs

Der Anfang des Gebetes

Der Meister versammelt seine Jünger und fragt sie: „Wo ist der Anfang des Gebetes?“

Der erste antwortet: „In der Not. Denn wenn ich Not empfinde, dann wende ich mich wie von selbst an Gott.“

Der zweite antwortet: „Im Jubel. Denn wenn ich juble, dann hebt sich mir die Seele aus dem engen Gehäuse meiner Ängste und Sorgen und schwingt sich auf zu Gott.“

Der dritte antwortet: „In der Stille. Denn wenn alles in mir schweigend geworden ist, dann kann Gott sprechen.“

Der vierte: „Im Stammeln des Kindes: denn erst wenn ich wieder werde wie ein Kind, wenn ich mich nicht schäme vor Gott zu stammeln, ist er ganz gross und bin ich ganz klein, und dann ist alles gut.“

Der Meister antwortet: „Ihr habt alle gut geantwortet. Aber es gibt noch einen Anfang, und der ist früher als alle jene, die ihr genannt habt. Das Gebet fängt an bei Gott. Gott fängt an, nicht wir.“

Klaus Hemmerle, Dein Herz an Gottes Ohr, S. 25

Einfach anhalten im Getriebe des Alltags

und zur Ruhe kommen.
Die eigene Lebenssituation bewusst wahrnehmen
im Gespräch mit Gott
und einem Menschen, der mitgeht und dabei bleibt.

Neu entdecken, was mich leben lässt,
meine Wurzeln, mein Fundament,
mein Glück,
meine Beziehungen,
mein Glaube.

Mich dem stellen, was mich bedrängt,
meine Unsicherheit,
meine Orientierungslosigkeit,
meine Zweifel,
meine dunklen Seiten,
meine Schuld.

Das Leben Jesu betrachten,
seine Nähe zu den Menschen,
seine befreiende Botschaft,
seine heilmachenden Zeichen,
sein Sterben, seine Auferstehung.

Erahnen und vielleicht sogar erfahren,
dass Sein Leben mein Leben verändern kann:
mehr innere Freiheit,

tiefere Versöhnung,
Heilung von Verletzungen und Zerrissenheit
aus meiner Lebensgeschichte.

Dadurch befähigt werden,
Gott,
die Mitmenschen
und mich selbst
mehr zu lieben.

Unterscheiden lernen,
was dieser Liebe
und damit dem Leben dient,
was sie behindert,
und so hinfinden
zu tragfähigen Entscheidungen
aus dem Glauben.

Jahreszeitschrift der Kapuziner 1997/98

Beten

Wenn du betest, so geh in dein Kämmerlein und schliess die Tür zu und bete zu deinem Vater, der im Verborgenen ist; und dein Vater, der in das Verborgene sieht, wird dir's vergelten. *Matthäus 6,6*

Betet ohne Unterlass! *1. Thessalonicher 5, 17*

Wenn dein Herz wandert oder leidet, bring es behutsam an seinen Platz zurück und versetze es sanft in die Gegenwart deines Herrn. Und selbst, wenn du in deinem Leben nichts getan hast, ausser dein Herz zurückzubringen und wieder in die Gegenwart unseres Gottes zu versetzen, obwohl es jedes Mal wieder fortlief, nachdem du es zurückgeholt hattest, dann hast du dein Leben wohl erfüllt.

Franz von Sales

Als mein Gebet immer andächtiger und innerlicher wurde, da hatte ich immer weniger zu sagen. Zuletzt wurde ich ganz still. Ich wurde, was womöglich noch ein grösserer Gegensatz zum Reden ist, ich wurde ein Hörer. Ich meinte erst, beten sei reden. Ich lernte aber, dass Beten nicht bloss Schweigen ist, sondern hören. So ist es: beten heisst nicht, sich selbst reden hören. Beten heisst: still werden und still sein und warten, bis der Betende Gott hört.

Sören Kierkegaard

Je treuer du nach innen lauschtest, umso besser wirst du hören, was um dich ertönt. Nur wer hört, kann sprechen. *Dag Hammarskjöld*

Das Bohnengebet (Kurzgeschichte und Übungsanleitung)

Die Geschichte von einer Frau, die bis ins hohe Alter zufrieden lebte. Sie strahlte Freude am Leben aus und verliess das Haus nie, ohne sich eine Handvoll Bohnen einzu-stecken. Sie tat dies nicht um die Bohnen zu kauen. Nein, sie nahm sie mit, um so die schönen Momente des Lebens *bewusster wahrzunehmen.* Für jede Kleinigkeit, die sie täglich erlebte, zum Beispiel einen fröhlichen Schwatz auf der Straße, ein köstliches Brot, einen Moment der Stille, das freundliche Lächeln eines Menschen, eine Tasse Kaffee, eine wohltuende Begegnung, einen schattigen Platz in der Mittagshitze, das Zwitschern eines Vogels, eine gelungene Arbeit: für alles, was die Sinne und das Herz erfreute, liess sie eine Bohne von der rechten in die linke Jackentasche wandern. Manchmal waren es gleich zwei oder drei. Abends dann sass sie zu Hause und zählte die Bohnen in der linken Jackentasche. So führte sie sich vor Augen, wie viel Schönes ihr an diesem Tag widerfahren war und freute sich. Und dankte Gott dafür. Und sogar an einem Abend, an dem sie bloss eine Bohne zählte, war der Tag gelungen.

Übung

1. **Wahrnehmen** (Schönes, ermutigendes, gelungenes, kostbares, gutes...) während des Tages und Bohnen von der rechten in die linke Tasche stecken

2. **Sich erinnern** am Abend mit dem „Bohnensturz“. Die Bohnen aus der linken Tasche in die Hand nehmen. Wofür stehen sie? Mich „nachfreuen“, den „guten Geschmack“, den sie hinterlassen hat, auskosten.

3. **Gott danken.** Dankbarkeit fördert die Zufriedenheit und Lebensfreude und hilft uns, neben dem Schwierigen im Leben auch das Schöne, Ermutigende, Gelungene, Kostbare... bewusster auszukosten.

Brunnengeschichten

1. Die Erfahrung der Stille

Eines Tages kamen zu einem einsamen Mönch einige Menschen. Sie fragten ihn: "Was für einen Sinn siehst du in deinem Leben der Stille und der Meditation?" Der Mönch war eben mit dem Schöpfen von Wasser aus einer tiefen Zisterne beschäftigt. Er sprach zu seinen Besuchern:

"Schaut in die Zisterne. Was seht ihr?"

Die Leute blickten in die tiefe Zisterne: "Wir sehen nichts!" Nach einer kurzen Weile forderte der Einsiedler die Leute wieder auf:

"Schaut in die Zisterne! Was sehr ihr jetzt?"

Die Leute blickten wieder hinunter: "Ja, jetzt sehen wir uns selber!" Der Mönch sprach: "Schaut, als ich vorhin Wasser schöpfte, war das Wasser unruhig. Jetzt ist das Wasser ruhig. **Das ist die Erfahrung der Stille und der Meditation: Man sieht sich selber!** Und nun wartet noch eine Weile."

Nach einer Weile sagte der Mönch erneut: **"Schaut jetzt in die Zisterne. Was seht ihr?"**

Die Menschen schauten hinunter: "Nun sehen wir die Steine auf dem Grund des Brunnens."

Da erklärte der Mönch: "**Das ist die tiefste Erfahrung der Stille und der Meditation. Wann man lange genug wartet, ahnt man den Grund aller Dinge und allen Seins. Gott.**"

Quelle unbekannt

2. Das Land der Brunnen

Unsere Geschichte führt uns in ein Land, ein großes Land, in seiner Mitte ragt ein Berg auf, hoch und gewaltig. Sein Gipfel ist meist von Wolken umhüllt. Er reicht in den Himmel hinein. Uralt ist der Berg, Wind und Wetter können ihm nichts anhaben. Die Menschen sagen: Schon immer steht er da. Bevor wir kamen, war er schon. König der Berge nennen sie ihn. Menschen, die auf ihn steigen, können den Himmel schauen. Innen, in seiner Tiefe, birgt er ein Geheimnis.

Vom Berg sieht man ins Land. Weil breitet es sich aus, nach Norden und Süden, nach Osten und Westen. Was mag das nur für ein Land sein? Was erzählt uns seine Farbe? Wüste breitet sich aus, öde Steppe. Kein Gras, keine Blume, kein Baum sind zu sehen und dies, obschon das Land viele Brunnen besitzt, große und kleine, kostbar verzierte und einfache, aus Felsgestein erbaute, aus Ziegelsteinen gemauerte.
Was ist nur mit den Brunnen los? Warum geben sie kein Wasser? Sie sind verschüttet, verstopft. Sie sind gefüllt bis an den Rand mit Abfall, Sand, mit Staub und Geröll, mit Steinen, großen und kleinen.

Einer der Brunnen, der älteste von allen - so wird erzählt - beginnt eines Tages nachzudenken. Wozu bin ich da, wenn ich kein Wasser spende? Ich will herausfinden, ob in mir noch eine Quelle fließt. Ich will auf meinen Grund kommen.

Er beginnt zu graben, tief und tiefer. Es kostet viel Mühe, auszuräumen, den Abfall, Schutt, den Sand, die Steine aus sich herauszuwerfen. Manche sind eckig, groß und schwer. Es ist eine harte Arbeit, den Brunnen zu reinigen.

Doch dann ist es geschafft. Der Brunnen ist gereinigt. Ganz in der Tiefe wird eine Quelle gefunden, klares, frisches Wasser. Horch, wie es quillt und sprudelt, wie es singt! Schau, wie es steigt, höher immer höher. Der ganze Brunnen füllt sich bis an den Rand. Bald wird er überfließen, sich auf das trockene Land ergießen.

Der Brunnen ist ein richtiger Springbrunnen geworden. Wasser sprudelt aus ihm hervor, frisches, klares Wasser, das den Durst löscht; Wasser, das erfrischt, ganz lebendig macht. Das Wasser des Brunnens tränkt das trockene, dürstende Land. Das Land ergrünt, erblüht. '

Die anderen Brunnen im Land wundern sich. »Seht nur«, sagen sie, »der alte Brunnen gibt Wasser. Wie ist das möglich? « Sie hatten gelacht, als der Brunnen sich mühte, den Schutt herauszuholen. »Er scheint verrückt zu sein«, haben sie gesagt. Doch dann beginnen viele von ihnen selbst auszugraben, was sie verstopft hält. Sie gehen in die Tiefe. Sie suchen und finden ihre Quellen. Wasser fängt in ihnen zu quellen, zu fließen, sie zu füllen an. Jetzt strömen sie über, und das Land kann ergrünen. Alles wird neu.

Die Brunnen finden Wasser. Sie finden heraus, das Wasser, das uns füllt, wird aus einem Strom gespeist. Er fließt in der Tiefe. Wir sind alle mit ihm und miteinander verbunden.
Wo aber ist der Anfang des Stromes? Wo ist sein Ursprung?

In der Mitte des Landes ragt der hohe Berg in den Himmel. König der Berge wird er genannt. Er birgt ein Geheimnis. In ihm sprudelt eine Quelle ganz rein und klar. Aus ihm fließt Wasser, das alle Brunnen speisen kann. Wer es einlässt, aufnimmt, wer sich füllen lässt, wird ein lebendiger Brunnen. Er spendet Wasser und rings um ihn lebt alles auf, beginnt es zu grünen und zu blühen.

Märchen aus Peru

Dreh- und Angelpunkte meines Lebens

Einstieg mit Körper-Übung

Ich beginne diese Übung und beachte dabei, dass nichts tun oder leisten muss. Ich darf einfach sein, wahrnehmen und wahr sein lassen.

- Ich setze mich in einer aufrechten und entspannten Haltung auf einen Stuhl, ein Meditationskissen oder eine Gebetsbank. Die Hände ruhen auf den Oberschenkeln. Ich halte meine Augen geschlossen oder auf einen bestimmten Punkt gerichtet, der nicht weit von mir auf dem Boden oder an der Wand lieget. Das Kinn neigt sich nur ganz leicht gegen unten.

- Ich versuche, den Raum meines Beckens wahrzunehmen, ebenso den Kontakt zur Sitzfläche.

- Ich nehme mein rechtes Bein wahr und versuche zu erspüren, wie sich der Oberschenkel, das Knie, der Unterschenkel und der Fuss anfühlt. Ich tue das gleiche mit dem linken Bein. Dann spüre ich den Kontakt der Beine und Füsse zum Boden. Wie fühlen sich meine Füsse an? Kann ich die Zehenspitzen fühlen? Die Sohlen?

- Ich kehre zurück in den Beckenraum. Von da aus richtet sich meine Wirbelsäule auf. Ich spüre der Wirbelsäule entlang über den Nacken zum Kopf. Ich stelle mir vor, dass ein feiner Faden, befestigt an meiner Scheitel, mich aufwärts zur Decke zieht. So kann ich aufrecht und ent-spannt sitzen.

- Ich nehme wahr, wie meine Kleidung auf meinen Schultern liegt. Ich erspüre das Gewicht meiner Kleidung.

- Ich spüre von der Schulter aus in meinen rechten Arm und die rechte Hand. Danach nehme ich wieder von der Schulter aus die Empfindungen des linken Arms und der linken Hand wahr.

- Ich verweile einen Moment bei meiner Atmung.

Ein berühmter östlicher Meister sagte häufig zu seinen Schülern: "Dein Atem ist dein bester Freund. Kehre zu ihm zurück in allen deinen Schwierigkeiten, und du wirst Trost und Führung finden."

- Ich nehme bewusst wahr, wie die Luft durch die Nasenlöcher ein-strömt und wieder aus-strömt. Ich kontrolliere meinen Atem nicht. Ich versuche nicht, ihn zu steuern. Ich mische mich nicht ein. Ich nehme nur aufmerksam wahr.

- Ich kann die einströmende Luft – den Atem Gottes – annehmen als Geschenk, als Symbol für das Leben selbst, das mir Gott gegeben hat und dauernd gibt. In die Luft, die ausströmt, kann ich meine Hingabe, meine Dankbarkeit gegenüber Gott hineinlegen.

- Ich spreche ein Gebet (eines der Vorbereitungsgebete)

Impuls zur Meditation

1. In jedem Leben gibt es **Dreh- und Angelpunkte**, um die vieles kreist: Sorgen, Empfindungen, Gedanken, Enttäuschungen, Freuden, Handlungen.

   Auch in meinem Leben gibt es solche Erfahrungen.
   Ich nehme mir Zeit, den Drehpunkten meines Lebens nachzugehen:

- Ich richte meine Aufmerksamkeit auf die letzten Wochen.
  Worum dreht sich mein Leben besonders
  (Menschen, Gedanken, Empfindungen, Beschäftigungen?)
- Ich lasse in mir aufsteigen, was spontan kommt.
  Was löste der Blick auf meine Drehpunkte in mir aus?
  Freude, Dankbarkeit, Sorge, Schmerz, Unzufriedenheit,….?

2. In jedem Leben gibt es **Wendepunkte**, Situationen, durch die unser Leben eine neue Richtung nimmt. Vielleicht beginnt durch solche Wendepunkte auch eine neue innere Entwicklung.

- Ich erinnere mich an die eine oder andere Situation, durch die mein Leben eine neue (Aus-)Richtung erfahren und sich einiges verändert hat – auch in mir.
- Was verbinde ich mit diesen Erinnerungen? Entdeckung neuen Lebens? Durchbruch aus einer Enge? Freude? Dankbarkeit? Oder vielleicht Bitterkeit? Enttäuschung?
- Wie stehe ich heute, **jetzt** zu diesen Erfahrungen?
  Was trägt mich noch? Woran hänge ich noch fest?

Ich komme darüber mit **Gott ins Gespräch** und rede mit ihm wie mit einem vertrauten Freund, wie mit einer nahen Freundin. Im Danken, vielleicht im Klagen, im Bitten um…

- Ich bete das Unservater

- Rückblick: Ich schaue zurück, wie es mir ergangen ist und halte das Wichtigste im Geistlichen Tagebuch fest.

aus: Korrespondenz zur Spiritualität der Exerzitien; Exerzitien im Alltag, Nr. 71/1997

Du sollst dich selbst unterbrechen

Zwischen Arbeiten und Konsumieren
soll Stille sein und Freude,
dem Gruß des Engels zu lauschen:
Fürchte dich nicht!

Zwischen Aufräumen und Vorbereiten
sollst du es in dir singen hören,
das alte Lied der Sehnsucht:
Maranata, komm, Gott, komm!

Zwischen Wegschaffen und Vorplanen
sollst du dich erinnern an den ersten Schöpfungsmorgen,
deinen und aller Anfang,
als die Sonne aufging ohne Zweck
und du nicht berechnet wurdest
in der Zeit,
die niemandem gehört
außer dem Ewigen.

Dorothee Sölle

GOTTES NAME: JHWH

Womit ich bete

In Exodus 3,14 stellt sich Gott dem Mose als „JHWH“ vor, was so viel heisst wie „Ich bin da“. Gott will derjenige sein, der mit dem Volk Israel auch durch dunkle Zeiten hindurchgeht.

Gott sagt zu mir:

Ich bin da, wenn du allein bist.
Ich bin da, wenn du dich betroffen fühlst.
Ich bin da, wenn du meinst, es geht nicht mehr weiter.
Ich bin da, wenn du verzweifelt und traurig bist.
Ich bin da, wenn du Angst und Furcht hast.
Ich bin da, wenn niemand dich mag.
Ich bin da, wenn eine Freundschaft zerbricht.
Ich bin da, wenn eine Freundschaft beginnt.
Ich bin da, . . . (*)
Ich bin da, wenn du Sorgen hast und nicht schlafen kannst.
Ich bin da, wenn einer dir etwas zuleide tut.
Ich bin da, wenn du krank bist und Hilfe brauchst.
Ich bin da, wenn du in grosser Gefahr bist.
Ich bin da, wenn du mit deinem Kummer nicht fertig wirst.
Ich bin da, wenn für dich die Welt zerbricht.
Ich bin da, wenn du Liebe brauchst und dir Vertrauen fehlst.
Ich bin da, wenn du grosse Schmerzen hast.
Ich bin da, wenn dir keiner mehr zuhört.
Ich bin da, wenn du völlig erschöpft bist.
Ich bin da, wenn du dich schuldig fühlst.
Ich bin da, wenn du rufst.

Ich bin da, wenn du stirbst.

Ich bin da, . . . (*)

Folgende Fragen (einzelne oder alle) nehme ich mit in die Stille:

Welche Zeile(n) spricht/sprechen mich gerade jetzt an?

Welche meiner Lebenssituationen widerspiegeln sich darin?

Welche positiven Erfahrungen (*) kann ich einbringen und formulieren?

Verweilen, wo ich angesprochen bin. Verspüren, verkosten, dabeibleiben.

Unser Vater beten / Abschluss der Gebetszeit

Eine Hand voll Muscheln

Heute ist mein letzter Inseltag. Was habe ich bei meinen Bemühungen, meinem Suchen am Strand gewonnen? Welche Antworten und Lösungen habe ich für mein Leben gefunden? In meiner Tasche habe ich ein paar Muscheln, ein paar Hinweise. Nur ein paar.

Wenn ich an meinen ersten Inseltag zurückdenke, wird mir klar, wie begierig ich gesammelt habe. Meine Taschen waren mit nassen Muscheln vollgestopft, an denen noch feuchter Sand haftete. Der Strand war mit wundervollen Muscheln übersät, und ich brachte es nicht über mich, sie unbeachtet zu lassen. Ich konnte beim Gehen nicht einmal den Kopf heben und auf das Meer hinausschauen, aus Angst, ich könnte etwas Kostbares zu meinen Füssen übersehen. Der Sammler geht mit Scheuklappen durch die Welt; er sieht nichts als den Schatz, nach dem er jagt. Besitzinstinkt ist mit echtem Schönheitssinn nicht vereinbar. Aber als all meine Taschen ausgebeult und feucht, die Bücherregale angefüllt und die Fensterbretter übersät waren, verlor sich allmählich meine Sammlerwut. Ich fing an, meine Reichtümer zu sichten und eine Auswahl zu treffen.

Man kann nicht alle schönen Muscheln am Strand sammeln, man kann nur einige sammeln und sie sind umso schöner, je weniger es sind. Eine Mondmuschel ist eindrucksvoller als drei. Der Himmel besitzt auch nur einen Mond. Ein zweifacher Sonnenaufgang ist ein Erlebnis; sechs sind eine Wiederholung, wie die sechs Tage einer Schulwoche. Allmählich sortiert man aus und behält nur vollkommene Exemplare; es muss nicht einmal eine seltene Muschel sein, aber eine, die in ihrer Art vollkommen ist. Die stellt man gesondert auf, inmitten eines freien Raumes – wie eine Insel.

Denn Schönheit entfaltet sich nur im freien Raum. Nur im freien Raum sind Ereignisse, Gegenstände und Menschen unwiederholbar und unersetzlich und bedeutungsvoll – und deshalb auch schön. Ein Baum wird bedeutungsvoll, wenn man ihn vor der leeren Fläche des Himmels betrachtet. Ein Ton in einem Musikstück gewinnt an Bedeutung, wenn er zwischen zwei tonlosen Pausen steht. Eine Kerzenflamme blüht im Raum der Nacht. Selbst geringe und alltägliche Dinge gewinnen, wenn der Raum sie umspült, eine Bedeutung, wie ein paar hingehauchte Herbstgräser, die auf einer asiatischen Malerei in der Ecke eines leeren Blattes stehen.

Ich begreife allmählich, das meinem Leben in Connecticut diese bedeutsame Eigenschaft und daher auch die Schönheit mangelt; denn in diesem Leben ist zu wenig freier Raum. Der Raum ist beschrieben, die Zeit angefüllt. Mein Terminkalender hat so wenig freie Seiten, mein Tag so wenig freie Stunden, mein Leben so wenig freie Räume, in denen ich allein sein kann, um zu mir selbst zu finden. Zu viele Aufgaben, zu viele Menschen und zu viele Dinge. Zuviel wichtige Aufgaben, zuviel wertvolle Dinge und interessante Menschen. Denn unser Leben ist nicht nur mit Trivialitäten überhäuft, sondern auch mit Wesentlichem. Wir könne durch ein Übermass an Kostbarkeiten erdrückt werden – von einem Zuviel an Muscheln, wo doch nur eine oder zwei bedeutungsvoll wären.

Hier, auf dieser Insel, hatte ich Raum. Auf dieser begrenzten Fläche war mir der Raum paradoxerweise aufgezwungen. Die örtliche Begrenztheit, die physischen Umstände, die Schwierigkeiten einer Verbindung mit der Aussenwelt haben zwangsläufig eine natürliche Auslese bewirkt. Es gibt nicht zuviel Tätigkeiten der Dinge oder Menschen, und jede einzelne Insel ist bedeutungsvoll; denn man sieht sie in einem angemessenen räumlichen und zeitlichen Rahmen. Hier hat man Zeit: Zeit zur Besinnung; Zeit, in Musse zu arbeiten; Zeit, um nachzudenken; Zeit, dem Reiher zuzusehen, wie er regungslos auf seine Beute wartet; Zeit, zu den Sternen aufzusehen oder eine Muschel zu betrachten; Zeit, seine Freunde zu sehen, zu schwatzen, zu lachen, sich zu unterhalten – ja, sogar Zeit, sich nicht zu unterhalten. Wenn ich mich zu Hause mit Freunden treffe, dann erscheint mir die Zeit in diesen ausgesparten Minuten so kostbar, dass man das Gefühl hat, man müsse jeden möglichen Augenblick mit Gesprächen vollstopfen. Wir können uns den Luxus des Schweigens nicht leisten. Hier, auf der Insel, entdecke ich, dass ich schweigend neben einem Freundsitzen kann und mit ihm den letzten streifen des Tages teile, der silbrig grün am Horizont glänzt, oder die Ornamente einer kleinen, weissen Muschel oder die dunkle Narbe, die ein fallender Stern auf dem strahlenden Antlitz der Nacht hinterlässt. Dann wir die Mitteilung zum Teilhaftigwerden, und man empfängt einen Reichtum, den Worte niemals geben können.

ANNE MORROW LINDBERGH (1906-2001), aus: „Muscheln in meiner Hand“, Ehefrau, Co-Pilotin und Navigatorin von Charles A. Lindbergh, meistgeehrte der weiblichen Flugpioniere, Schriftstellerin.

Wozu soll ich mich auf mich selbst besinnen, wozu meinen besonderen Weg erwählen, wozu mein Wesen zur Einheit bringen? Die Antwort lautet: Nicht um meinetwillen… Bei sich beginnen, aber nicht bei sich enden; von sich ausgehen, aber nicht auf sich abzielen; sich erfassen, aber sich nicht mit sich befassen. Wohl soll jede Seele sich erkennen, sich läutern, sich vollenden, aber nicht um ihrer selber willen, wie nicht um ihres irdischen Glücks, so auch nicht um ihrer himmlischen Seligkeit willen, sondern um des Werkes willen, das sie an der Welt Gottes vollbringen soll. Man soll sich vergessen und die Welt im Sinn haben.

Martin Buber

Printed by Books on Demand GmbH, Norderstedt / Germany